JN410758

서랍에서 치는 파도

서랍에서 치는 파도

김혜승 詩集

自序

詩는 신기루였다
좇다가 사라지면 엄마 손을 놓친 아이처럼 한참 울었다
그 눈물의 결정체가 가끔은 보석처럼 반짝이는 꿈을 꾸었다
다시 해수면이 뜨거워지고 결빙된 세상에서 부는 바람
앞에 서 있는 신기루, 좇을 수밖에 없다
마지막 자존심이다

이승과 저승이 따로 있겠습니까!
응원을 아끼지 않았을 당신에게 첫 시집을 발송합니다

서랍에서 치는 파도
차례

제1부

제2부

제3부

제4부

제1부

갯쑥부쟁이는 홀로 산행 중이다

빗소리마저 배낭에 구겨 넣는다.
지금 가는 이 길이
굵어지는 빗줄기와의 동행이
산행이기를.
긴 터널을 가로지르는 기억의 시간
버드나무 가지가 흑백으로 휘어지고
젖은 단발머리를 하고 교복 입은 사진 한 장과
교문 밖 삼부 능선에서
이십여 년 세월 서 계시는 어머니
불혹의 후미진 갈증이
청자연못을 거닌다.

살아간다는 것은
길섶마다 순리를 심는 씨앗
손잡을 여유 없이 걸어가는 또 다른 시선이
울안 나목으로 서서 비바람에 고개 숙인다.

생살 찢는 아픔으로 움트는 맹아
가파른 능선을 타고 오르는 수액은
꽃을 피워내는 흔들림

갯쑥부쟁이는 오늘도 홀로 산행 중이다.

담쟁이

길들여진 길이었지
네가 원한다고 느꼈으니까
낯설지 않게 걸어갈 수 있었으니까
그런데 말이야
이게 아닌데, 이게 아닌데
시멘트 담벼락에서도 무성할 수 있는데
하면서 말이야, 어느 가을날 해 질 녘
삼나무 껍질을 오르고 있었던 거지
그런데 말이야
옆에서 지켜보는 소나무는 얼마나 답답했을까?
그림자를 비켜서는 담쟁이에게
홀로서는 담쟁이에게
그게 아닌데 그게 아닌데
하면서 말이지

바닷가 우체국

강정천 솔밭 사이 올레길에는 바닷가 우체국이 있습니다.
그곳 우편함은 귀가 밝아 잠들 사이 없이 분주하다고 하는데요.
솔잎향 수런거림 채집하랴.
흐르는 물소리 건져 올리랴.
은어와 시간 사이에서 낚싯대 던지랴.
오가는 이 걸음마다 고운 사연 엮어 쉼을 주는 보물창고입니다.

그곳 바닷가 우체국에는
파도가 오르간 건반에서 폴짝폴짝 동요를 연주하고요.
인동초 꽃잎은 황금알을 낳기도 한다는데요.
믿거나 말거나 바닷가 우체국에는
헤이즐넛 커피향 그리움이 줄을 서서
우편함에 소식을 전한다고 합니다.

빨강 우편함에 그려진 제비는 참, 바쁘겠다.
헤이즐넛 커피향이 날아가기 전에
그 마음 그대로 이어주려면 날갯짓을 얼마나 해야 할까!
사명감으로 충만한 빨강 우편함의 하얀 제비.

그리움에도 격이 있어
침묵으로 귀만 열어 둔 바닷가 우체국 사서함은
오늘도 분주하게 사연을 들어주고 있었습니다.
걸림 없는 바람이고 싶은
흐르는 강물이고 싶은 바닷가 우체국은
강정천 솔밭 사이 올레길에 쉼터로 자리하고 있었습니다.

이정표

사계리 해안가를 걷다 보면
저 멀리 산방산이 눈에 들어옵니다.
모나지 않은 것이
中人의 갓 모양을 한 것이
서민의 애환을 품은 것 같아 정이 가는 산
나의 이정표가 되어줍니다.
그곳만 바라보면
홀로 가는 길에 다정함이 묻어나는
흔들리는 샛길에도 올곧은 강건함이 힘을 주는.
우연히 스치는 눈길에
아득하게 파동 치는 심연의 바다
은빛 실바람으로 깊은숨 들이쉽니다.

바람으로 기대인 情에게 그리움 전합니다.

언제나 그 자리에 물안개의 기다림으로

넓은 어깨를 내어 주는 산.

거친 모래밭 걷는 순비기꽃
보랏빛 길을 엽니다.
청명한 짧은 햇살에 무르익는 향낭처럼
맑고 고운 마음 엮어가라며
시선 놓지 않는 그 산이 그 자리에
묵언의 그림자로 서 있습니다.

가을 하늘

할 말이 있나 보다
그 눈이 깊어 보이는 것이
내 눈이 멀리 달아나는 것이
청자항아리 한걸음에 달려와
머뭇거리며 서성이는 것이
초점 없이 흘러가는 양떼구름
소년은 하루가 지루하다고 했다
사람 냄새가 간절하다고 했다
그리고 소년은
세상 밖을 향해 소리 질렀다
“늑대가 양들을 잡아가요.”
“살려주세요.”
뱉어낼수록 입안에서 맴도는 말
스멀거리며 목 안으로 기어드는 말
아랑곳없이 양들은 풀을 뜯고
마을 사람들은 여전히 평화롭고

양치기 소년은 괄호 밖에서 휘파람을 불고
휘파람은 양떼구름과 한가로이 놀고
이 앙다물고 돌아가는 톱니바퀴 시간
폭염의 얼굴 밀어내고
코스모스와 입맞춤하는 하늘
하고 싶은 말 있나 보다
그 안에 갇힌 진정한 말 있나 보다

용눈이 오름

단아한 자태 둥근 트레머리 올리고
여린 능선을 따라 한 폭 치마를 휘감았네
순정 어린 노을 바다
억새 물결 안단테로 흐르고
거센 파도 잠재울 瀋池만이
숨을 죽이고 있었네
갈 길은 가야만 하고
올 것은 오고야 마는 것인지
정해진 운명은 없노라 했던
철학의 논리마저 힘을 잃은
가을의 건널목
마음은 어서 가자 하고
몸은 현실에 안주하고

깃털 하나 가을비 타고 제주에 정착했네
역류하는 구름 타고 거센 바람결에

렌즈 속 세상을 거닐었던 사진작가 김영갑
용눈이에서 보았다는데
이어도를 보았다는데
소용돌이가 잉태한 그리움의 섬
그의 피사체 안에 잠들어 있네
태동도 없이 꿈길을 홀로 나서네

겨우내 척박한 대지에 뿌리내린
숨비소리 싹을 틔우기까지
아지랑이 축복 속에
풀꽃 전시회가 열리기까지
산고의 사랑이 품어 낼 작은 시간

방사탑*

출구가 없다.

몸 밖에서 웅성거리는 파도를 타고
쉴 새 없이 넘나드는 허튼 일상
차곡히 쌓아올린 내 안의 性이
벽을 둘러친다.
저벅거리며 다가서는 아이
어머니의 손을 놓치고 기차 타던
그날을 앞세우고
불혹의 바다에 찾아온 아이가
문을 열어 달라고
어서 열어 달라고

비린 갯냄새가 배어 있구나!
짠물에 절인 세월이 녹슬었구나!
창과 방패를 든 여전사

잔 다르크 되어 있구나!
누구를 위한 싸움이고
무엇을 위한 투쟁인지
자신이 걸어가야 하는 운명은
문맹이 가져다준 서명 한 장에 달려 있는데
끊임없이 문을 두드리는 울음소리
내 안에 한 아이가 깃들고 있다.
탯줄을 거슬러 찾아가는
본래의 마음자리

빈 날갯짓은 허공만을 가르고…

*방사탑은 마을의 어느 한 방위에 불길한 징조가 보인다거나 어느 한 지형의 기가 허한 곳에 쌓아두는 돌탑으로, 부정과 악의 출입을 막아 마을을 평안하게 하고자 하는 신앙의 대상물.

舌장구

이월 샛바람이 창문 틈으로 볼 비비는 밤
밑도 끝도 없이 가라앉는 마음 가장자리에
마른 풀잎 소리가 난다
정신 한 자락 달빛에 걸어 두고서야
투명해지는 상쇠의 길 트기
상모가 돌고 있네
미친 듯이 돌아가고 있네
가슴이 후려치는 북소리에
꽹과리 열변으로 신명 나는 굿판

물을 만났군!
舌장구가 보란 듯이 패를 던지고
말아 올린 기량에 흥분하는 박수 소리
고난도 표정연기로 관중을 압도하는가 싶더니
아니 이런!
무반주로 엮는 변화무쌍한 연금술까지

비탈길을 아리랑 고개로 넘는 장구가락

사물놀이 한마당 끝은 보이지 않고
열어둔 두 귀에서는
벌레가 사과를 아삭아삭 갉아먹고

너와 나는 1
–혁이에게

낙타가 바늘귀를 통과하는 것과
대학원서가 맞짱 뜨던 날
"고생했다 아들."
등 토닥이며 나선 길
해장국에 막걸리 한 사발 앞에 놓고

첫 젖을 물렸을 때
이유식을 시작했을 때
밥 한 톨 넘겼을 때
드디어 막걸리 한 모금 마셨을 때

동이 트고 있었어
넓은 고구마밭을 지나는데
파릇한 잎에 이슬이 대롱이는데
빛을 머금은 새순들이 환호성을 치는데
강렬한 눈빛의 한 녀석이 추파를 던지는데

얼떨결에 순을 잡고 쭉~
주먹만 한 고구마가 주렁주렁 달려 나오는데
욕심껏 안고 토닥였지

너와 나는
시공간을 넘어서 내 품에 안기기까지
母子의 이름으로 막걸리 한 사발과 마주하기까지
홀로서기의 미로를 헤쳐나가는 그날까지
힘찬 줄기를 뻗어나갈 고구마의 순애보

엄마 생일에
책 '어린왕자'를 내밀던 두꺼비 손
너와 나는

너와 나는 2

—석이에게

옛날 옛날에 조가비라는 해저마을이 있었다 태양은 여명을 밝히며 떠오르고 싶었지만 수심은 이를 허락지 않았고 그 안의 용트림만 있을 뿐 마을 사람들은 어둠 속에서도 행복할 수 있었다 어느 날인가 달빛 문을 연 해바라기가 숭고한 자태로 뿌리내렸다 마을 사람들에게 밝은 거울이 되어주고 싶다고

수평선을 박차고 동이 트는데 피안으로 길 나서는 할아버지 배웅을 하는데 다정한 미소에 이끌려 따라가는데 해바라기 꽃밭에서 이거다! 집채만 한 호박을 냅다 두 손에 던져 주는데 벅찬 마음으로 안고 토닥였지 일백만 년 순간이동으로 내 품에 안겨든 너는 퇴적된 세월을 굳건하게 이겨낸 너는 성게 해삼 불가사리 북륙가리비로 이어진 몇 겁 생이 서귀포 앞바다 화석으로 우뚝 서기까지

망망대해를 품고 자란 하얀 날개 파릇한 잔디 위에 그려나

갈 너만의 그라운드에 해바라기와 호박의 화석으로 안착할
조가비 해저마을의 상륙작전
너와 나는!

육순 잔치

"비 온다
빨리 고추 걷어라
아이고, 고추 따러 가야허는디…"

산소호흡기에 의지한 채 어머니는
癌과 싸우고 있다
산처럼 쌓인 말 가슴에 쌓아 두면
병이 되는 암
자신이 평생 일군 고추밭에
연일 거름을 주고 있다
꽃을 좋아하는 여자는
속이 없는 여자라고
꽃을 사는 여자는
팔자가 늘어진 여자라고
어버이날 가슴에 달아 준 카네이션 한 송이가
못내 쑥스러웠던 어머니

꽃씨보다 고추 모종을 심어야 하는
그 마음 그 말이 진짜인 줄 알았는데
육순 날 육 인실 병상에서 받은
꽃바구니 하나

"그 꽃, 이쁘다."

구월꽃 이야기

나는 보았다.
포클레인이 땅을 뒤엎고
저수지에 하늘이 잠기던 날
검은 사각의 집 수놓던 색실 한 오라기
휘감아 도는 강줄기 따라 여미어지던 심장을

나는 들었다.
빗금진 외돌아진 길에서
허공만 수없이 맴돌았을 새 한 마리
무심한 삽질에 포르르 날개 접을 때
자신의 묘비명도 읽지 못하는 까막눈에
안경 씌워주며 지폐 한 닢 쥐여 주는 딸에게

"저 산 소나무나 내 맘 알까, 아무도 몰라"

계절 앞에 무릎 꿇은 찔레 넝쿨 걷어내며

가시를 털어내던 어머니 목소리를

나는 보고야 말았다.
은하수 뱃길 따라 길 나서는 어머니
즈려밟는 자국마다 피워 올리던 구월꽃
하늘길 밝히던 평온한 미소
국화 한 송이에 홍조 띠던 얼굴

엄마도 여자였구나!

나이를 먹어간다는 것
철이 들어간다는 것은
선인장이 곪아 진액이 고이는 것
나는 마흔 언덕에서 알았다.

화려한 외출

길을 나선다 숨죽이는 잿빛 하늘 능선을 따라 발끝에서 붉은 신호등 깜빡인다 한사코 손을 젓는 어머니 어서 오라 하는 것인지 어서 가라 하는 것인지 해 돋는 중산간에서 "제주도는 고사리를 낫으로 벤다더만 다 베어 가고 없네?" 너스레를 풀어내는 그녀를 가로질러 조랑말 한 마리 달려가고 실낱같은 유년의 기억이 두서없이 따라가고 놓친 풍선이 날아가고 기차가 달려오고. 바다 건너 줄행랑을 쳤던 딸년의 집 바늘귀 길게 매면 시집 멀리 간다고 맏이에겐 딸을 내어 줄 수 없다고 욕지거리 버무려 택배로 부쳐대던 그녀가 화려한 외출을 시도한다 흰색 가운의 수행원을 거느리고 산소통을 방패 삼은 간이침대가 의기양양 비행기에 오르는데 창가에 민달팽이로 웅크린 그녀의 生! 좁은 통로를 기어 창공으로 나래를 펴는데 일렁이는 바다가 사정없이 집어삼키고 옹이로 박힌 별이 하나, 둘, 셋 피어나고 소리를 지르는데 입안에서 맴도는데 버둥거리는데 눈을 떴다 흠뻑 적신 베갯잇 사이로 숨을 몰아쉬는데…

어머니께서 다녀가셨다. 온종일 봄비가 내리던 날이었다.

어버이날의 변주

1.

남해 고속도로의 아침
은색 티코가 보무도 당당히 달려간다.
부스스한 들녘 벼 모종들의 늦장에
뽕짝 메들리로 채근하는 카 오디오
담담한 강물을 사이에 두고
절대적인 카리스마
이유 불문의 시간이
당신과의 동승으로 유유히 흐르고 있다.
차창 밖에서 재빠르게 물러서는 가로수
고개 돌려 먼 산을 응시하는데

왜 그리도 무섭기만 했는지!

미간을 찡그린 아이 앞에 눈길이 멎는다.
깊은 장맛으로 숙성된 백미러 속의 얼굴

아버지와 함께 어머니 산소 가는 길.

2.
끝내 풀어내지 못한 삶의 공식이 있었나요?
그토록 못다 뱉은 말이 많았나요?
독버섯처럼 자라던 생각의 끈을 아직도 쥐고 계신가요?
서해 앞바다에 가득 던져내도 못다 비운 미련이 남았나요?
한 줌 흙으로 돌아가는 길이 그리도 험하고 멀던가요?
잔디가 뿌리 내리도록 다듬고 푸념을 해도
어머니는 요지부동이다.
잡풀이 무성한 산소 앞에서.

3.
해후의 시간도 잠시

어머니를 뒤로하고 나선 귀갓길
아버지 휴대전화가 진동으로 울린다.
다정한 목소리 부드러운 표정
차 안 공기가 따사롭기만 하고
염전을 물들이던 노을
짠물에 각색된 빛바랜 이승에서의 추억이
티코의 배기관을 타고 사라지는 순간
김치를 담가 놨다는데
아버지 목젖 드러낸 웃음소리 화통하다.
경적에 놀라 멀어지는 어머니의 손맛
현실과 이상의 교차점에서.

新 노아의 방주

잿빛이었어.
하늘도 땅도 눅눅한 먹빛이었어.
숙연한 안개비 억새꽃 흔들림은
풀 수 없는 공식으로 수식어를 넣고 있었어.
타야 하나?
이 배를 타야만 하나?
선택의 여지 없이 문은 잠기고
모양 없이 떠도는 유령
허허로운 길을 열고 있었어.
예까지 왔으니
돌아가는 길을 잃었으니
플라이 낚싯줄 던져놓고
세월을 낚을 수밖에.
세례명 '테레사'
낚고 낚는 시간
"어머니!" "아버지!"

잣나무 가지 얼기설기 기워진 삶의 흔적이
251호 병실을 나뒹굴고 있었어.
서녘 하늘은 긴 그림자로
251호 新 노아의 방주를 끌어가고 있었어.
가야 하나?
기어이 가야만 하나?
할머니들의 꿈으로 충만한 병상이
제각각 방식대로 길을 묻고 있었어.
의식을 절단하며
이승 경계의 항변 속에
푸석거리는 노를 땅 위에 저어대고 있었어.

소꿉놀이

할아버지와 할머니는 여섯 살배기 소년과 소녀가 되어
소꿉놀이를 하고 있었던 것인데
은빛 모래사장에 쪽빛 노을 같은 아랏골 주공 아파트 407호
에서
토닥이는 세월이 감 익듯 붉어지는 것이었는데
황혼의 바다는 수심이 깊고도 험하여
할머니가 덜컥 겁이 났는지
뇌 회로에 부분삭제 부분삭제를 반복하며
술래잡기를 시작했던 것인데
덩달아 신이 난 할아버지도 부분삭제 부분삭제하며
마냥 행복하기만 했던 것인데

주차장에 구급차 한 대 세상 떠나듯 호들갑이다
웅성웅성 입을 맞추는 이웃사촌들
싸늘하게 식어버린 미동하지 않는 할머니를
밀물처럼 밀려든 관심에 무색해서라는데

아직 끝나지 않은 소꿉놀이
사흘을 더 하고 있던 할아버지
영문이 알고 싶지 않아서라는데
오늘 아침 소년은 청솔가지 생나무 군불 연기 따라
은하수 나들이 가는 소녀에게
해맑은 미소로 답했던 것인데

썰물 때가 초인종을 누른다
"여기는 406호예요. 407호가 아니에요."
층층이 아파트가 들썩인다. 아우성이다
문전박대에도 위풍당당한
무. 관. 심.

거품 위의 Hop

발간 대낮 비틀거리는 하늘 아래
출렁이는 빌딩 숲
보도블록 틈 민들레도 뒤질세라
홍조를 띤다.
시절이 시절인지라
바로 걷는 것이 어색한 시절
Hop Hop Hop 숨 가쁜 시절
여기도 Hop
저기도 Hop
후박나무 가로수도 갈팡질팡
Hop Hop Hop 간판을 벌컥거린다.
그물에 걸린 노을 모서리
거대한 서민 공화국이 급부상하는데
시절이 시절인지라
물때를 만난 네온사인 간판들이
Hop Hop Hop 제창으로 일제히 일어선다.

어설픈 부동자세
헐거워진 바지 주머니
조여도 조여도 흘러내리는 허리띠
새들의 단순함을 순수함으로
위장전입시키는 한통속 Hop의 반란
흔들리는 둥지만 거품 위를 떠다니고 있다.
2008. 4. 9.*
주자들의 선심에 아랑곳할 새 없이
골목마다 마이크를 움켜쥔
피 터지는 울림을 뒤로한 채
철새들은 기억의 버림과 착각의 거품 사이에서
飛上 연출을 모의하고 있다.

*2008. 4. 9.(18대 국회의원 총선거일)

누군가

묘한 인연이다.
너와 나는.

지켜봐야 하는 너와
지킴을 당해야 하는 나는
24시간 비상대기 중이다.

평범한 일상은 시작되었다.
아군인지 적군인지 분별할 새 없이
일거수일투족 투시하는 모종의 시간.
X-레이를 찍듯
뼛속 마디까지 훔쳐 본 네가
뇌 속을 걸어 본 네가
입가에 회심의 금니 드러낼 때
X-레이를 찍힌 듯
"그게 다가 아닌데?"

눈동자를 무차별로 굴린다.
앵글을 조준하고 렌즈를 줌인하는 하루
보호대상인지?
감시대상인지?
보호대상 1호라는 말 믿기로 한다.
엘리베이터 안에서
호텔 카운터에서
아파트 단지 내에서
공공연한 만인의 장소에서
지켜보는 네가 있어 혼자가 아닌
지킴을 당하는 내가 있어 존재를 확인받는
우리는 야인시대 한패!
충혈된 속내가 피사체에 투영된다.
CCTV와 뜨거운 포옹을 한다.

울 밑에 선 봉선화

담장 그늘은 언제나처럼 평행선을 긋는 듯했다.
'고즈넉하다'를 '평온하다'로 느끼면서
사선을 그으며 달아나는 그늘에
깨금발 종종 세우기도 하면서
언젠가 맞닿을 평행선과 시선의 전주곡쯤으로 생각할 즈음
'평온하다'를 '고즈넉하다'라고 고쳐 쓰기도 했던 것 같다.
씨낭에서 제멋대로 굴러다니는 말은
기억을 거니는 더듬이
순리에 역행하는 반항아쯤으로 이해될 때면
비 온 뒤 짚더미와 같은 속은 후줄근한 열기로 가득했다.

수묵화 한 점 펼쳐놓은 강가처럼
깊이는 처음부터 가늠할 수 없었고
지금도 경계를 넘나드는 소리꾼쯤으로
말과 말은 어릴 적 툇마루에 앉아
온종일 기다리던 어머니와 같은.

하늘 가득 별이 돋는 이치를 알고 있는 듯
해 뜨는 아침이면 빼꼼히 얼굴 내미는 담장 그늘
말과 말은 밤마실 이야기로 색색이 꽃을 피운다.

저마다 가슴에 고운 물 들이고 싶은 봉선화는
씨낭이 곰삭을 날을 손꼽아 헤아리고
담장 밑의 시어는 톡 톡 여물어가고 있을 테고.

참나무 겨우살이

성긴 참나무 가지 사이로
바닷빛이 봄을 재촉하는 산행길
잔설만이 겨울 끝자락을 부여잡는다.
듬성듬성 가지에 빨간 부케로 쥔 소망
더딘 한발 내딛기가 얼마나 숨이 찼던가!
지친 심신 쉬어가라는 듯
허공을 향해 쪽배 띄우는 겨우살이
길을 인도할 바람 한 점 없는 날에
산인에게 애잔한 서곡으로 흐른다.
걸어가야 하리.
나아가야 하리.
인생은 아름답다는 내 삶의 콧노래처럼
꿈의 교향곡 한아름 황혼을 향해
오르고 또 올라야 하리.

우연한 바람에게 길을 물어도
겨우살이는 행복하기만 하다는데.

설화

아침, 창밖은 한 권의 겨울동화다.
동백나무 붉은 꽃에 둥지를 튼 하얀 눈
밤사이 엮어 놓았을 지난여름 이야기 속에
마지막 열정을 열어 보인다.

언제쯤인지 알 수 없지만
깃털 하나 동백나무 가지에 결가부좌했다.
아래로 아래로 떨어지는 것에도 법은 있는지
성도 이름도 분별이 힘든 깃털에게
착지를 허락하지 않았고
위로만 날아오르는 새들은
땅이 飛上의 마지막 보루
빗금 긋는 날갯짓에도
눈송이는 철없이 눈부시다.

알알이 의미를 부여하는 짧은 生

곁 눈짓 햇살에도 눈꽃은 흔적을 구걸해야 하는데
주어진 운명에도 의지는 있다.

꽃은,
피어 있을 때보다 질 때가 아름다워야 한다는.

해빙기

계곡 자갈 사이로 수런수런 부산한 소리 들린다.
혹독했던 눈보라도 저만치
설 풀린 물살 위로 드러나는 지난 가을날의 잔영
동체로 남아 해빙의 아침을 맞는다.
가슴 안에 소복하던 단풍잎
그냥은 갈 수 없었다는 듯
곧은 마음 보여주는 깔끔한 눈인사

뒤끝 좋다.

부시시 눈 비비는 계곡물에
산들산들 콧바람에
생긋 말문 트이는 새순움에 기꺼이 화답한다.
과거는 과거로 묻어두고
회한의 격정 미련없이 흘려보내고
스치는 바람 또한 잘 다스려야 하리.

봄은 멀지 않았다.

겨울의 절정에서도 내 가슴에 연둣빛이 든다.

제 2 부

창밖 동백나무

1.

이른 새벽 퇴근하는 나에게
꽃등 켜고 환하게 웃고 있는
너를 본다
창에 비친 얼굴 놓칠세라
불빛은 또렷해지고
빛에 가려 눈이 먼 나는
볼 수 없어 안타까운 비등점
끓는 물에 희석한 동백차
입안 가득 향기 따라
동박새 한 마리 포르르 날아든다

잠시 잎들이 수런거렸고

나무는 부동자세

둥지가 기우는

2.

간밤 비에 뒤척인 게
나만이 아니었나 봐
다가설 수 없는 거리
조율하던 선연한 흔적
나뭇가지 아래로 눈길 거두지 못하는
동백나무 아래 삽화
져도 꽃이라고

붉다

인동초

원했던 일인지 모르겠다
그렇다고 믿고 있을 뿐
싸락눈 색깔 없는 표정으로 내릴 때
난해한 수학공식을 대입하던 시간이 있었지
눈높이에 각도를 재고
몸짓 하나에도 의미를 부여하며
해답을 찾아가던 난지도
의지와 무관한 오선상의 아리아였다
가시덤불 마다치 않았다
백열등 수척한 창가도 가리지 않았다
더 내려설 곳 없는 바닥과 맞닿은 가슴엔
검은 열매가 송골송골 맺혀있을 뿐
일말의 여지도 없는 忍, 冬은
손짓하는데
각도를 잃은 눈높이가 힘에 겨운 듯
길섶 작은 돌탑을 따라
옷깃 여미는 인동초

물양귀비 1

蓮華의 性인 池에 들긴 했으나
호시절을 잊겠노라 다짐도 해 보았으나
진흙에 뿌리내리는 데도 계보가 있다는 말씀
너는 너
나는 나
길이 따로 있음이라 하셨으니
비우시렵니까!
발효된 그리움 한 사발 들이켜면
마음 밭에 물양귀비 한아름 심을 수 있겠습니까!
비나이다 비나이다
만삭의 달빛 정화수 池에 목욕재계하고
물양귀비 두 손 모아 합장하고
비나이다 비나이다
오실 때도
가실 때도
그 모습이 다 한 가지라 하셨으니

호접몽의 시절인연

나풀나풀 접어가는 여울목에

물양귀비 한아름 단아하게 피었습니다

물양귀비 2

비 오는 날 하가리 연하못에 갔다가
기척하지 않는 연꽃을 뒤로하고 걷다가
그 길 따라 도는 모퉁이 작은 연못에서
양귀비도 아닌 것이 양귀비라고
뭍이 아닌 물에 뿌리를 내리면
양귀비가 될 것이라고 믿는 물양귀비를 만났다
용광로 같은 사랑 품어 줄 용기 없으나
단아한 자태만은 자신 있었는지
나비가 되어 날아오르고 싶었는지
어쩌나, 오늘은 비가 내리네
머피의 법칙은 날씨보다 짓궂다
꽃잎 다문 池에 장마전선이 걸쳐지고
빗줄기는 그들만의 언어로 이야기한다

그때 그 순간을 기억해봐요

사랑은 하심하고 바라보는 것
다시 찾은 이곳에는
아프게 아프게 때리는 빗방울이 있고
의연하게 받아내는 물양귀비가 있고
무심히 바라보는 내가 있다

마라도 갯메꽃

처녀당 낮은 돌담 사이 해풍을 안고
돌아간 섬 소녀가 다소곳이 앉은 자리
타다만 촛불의 합장에 물비늘 가만 돋아 오른다
금단의 땅에서 문고리를 열어줬던 이레간 물질 이야기
회오리만 무성한 숲은 아직 잠들지 못하는데

"나도 데려가 줍서! 제발 데려가 줍서!"

"널 두고 가야 우리가 산다."

파고를 가늠할 수 없었던 난바다 삼각지
바람의 노기 잠재우며 또각또각 따라오던 목소리
기다림의 그물망은
어디쯤에서 물음 씨를 포획하고 있을지

섬에서 파도는 파문 같은 것

앞서거니 뒤서거니 질서를 가장한 평온 같은 것
파도가 할 수 있는 것은
무심한 바위에게 달려가 부서지는 것
포말의 흔적은 배고프고 서러운 아기업개* 얼굴이다

해 돋는 처녀당
소녀의 정지된 세월이 치성을 올린다
해마다 이맘때가 되면
뭍을 향한 뿌리는 깊고도 깊어서
분홍 꽃 넋은 기어이 북향으로 얼굴을 돌려 피고

기다리고 있지만
돌아와도 좋고, 마라도 좋은

*아기업개: 마라도 아기업개당 전설 속의 주인공(아이를 업고 다니는 아이).

벗에게

마음에 길 하나 열어두고 살아갈 일이다
터벅거리며 나서고 싶어지는 날
망설임 없이 닿을 수 있는 여백 한켠
네잎클로버 끼워두고 품어볼 일이다
마른 풀내음으로 접은 편지
가랑비에 실어 띄운다

이것이 인생이다

사랑이다

몽실몽실 찍어내는 점자
노을가에 제멋으로 겹고
화랑에 걸린 초상화는 되기 싫어
내 심장 내가 먹어 치우는 야수처럼
건조하게 반짝이는 별을 헤아린다

마음에 물꼬를 트는 묘약
진실한 한마디 말과 손잡고
자작나무 숲길을 걸어 볼 일이다
걸음마다 사람 향기 물씬 묻어 두고
바람 숨어드는 잎 사이로
고운 미소 전해 볼 일이다

여름밤 도두봉에 올라

산마루에 누웠지요
별이 쪼르르 술래잡기하는
별마루에 누웠지요
술래에게 잡힌 별똥별과
숨어서 눈만 초롱이 뜬 녀석들 몇
나는 볼 수 있는데
술래는 볼 수 없는 밤하늘 대형스크린
하느님은 우리 사는 세상을
나처럼 지켜보시나 봐요
그 마음 안타까울 땐
간혹 비 흩뿌리시고
까맣게 애간장 태워
초롱초롱 별밤지기하시고
오늘 같은 날엔
하늘과 바다의 경계가 모호한
이런 날엔

그와 나의 간격도 가늠하시고
옳은 것은 옳다는 것이니
착하다 착하다
마른하늘에 빗방울 몇
이마 위로 토닥이시는
저무는 별이 아름답고 소중하다는
말씀 전하고자 스크린에 소피마르소가

반짝,

반짝,

나는 다급한
ㅅㅗㅍㅣㅁㅏㄹㅡㅂㅅㅗ가 되었지요

서랍에서 치는 파도

들려오는데
아득하게 멀거나 바로 귓전이거나
서걱서걱 덜 여문 소리 들린다
매듭의 고리로 올곧게 선 댓잎 소리처럼
포말 속에 바스러지는 통증 여미는 소리처럼
끊일 듯 이어질 듯
탁 탁 손바닥이 심장 두드리는 소리처럼
딱 딱 부싯돌 부딪는 소리처럼
묵은 서랍 속에서 튕겨 나오는데
겹겹이 먼지 앉은 조약돌에서 파도가 치고 있었다
허공으로 투영된 갈매기의 살풀이
잿빛 하늘에서 눈발이 글썽이고 있었다
들려오는데
문풍지에 바람 지나는 소리 같기도 하고
마른 가지에 안개비 스미는 소리 같기도 한
그 소리 밟으며 밟으며 가는데

다정한 길벗이었거나 뒤안의 걸림돌이었거나
조약돌 하나 희미한 영상으로 흐르고
서랍 구석에서 만난다
뽀얀 소년의 얼굴

대숲마을 메밀촌에 가면

팽나무 한 그루 장승으로 서 있는 마을 어귀에 들어서면 한라산이 바라다보이는 길가 대숲에서 바람 소리 낭창하게 들려옵니다 팽나무 나이테는 가부좌하고 선비인 양 헛기침하며 사서삼경을 읽고 있는데요 지혜의 말씀은 잎에서 대롱대롱 빛을 발하고 하얀 모시 적삼을 입은 마을의 두 원로는 이웃집 텃밭으로 붉은 말과 푸른 말을 풀어놓고 지나는 객들을 불러 모아 합평회를 열기도 합니다 겨우살이에게 가지 모퉁이에 세 평 남짓 놀이터를 내어 준 이장님이 훈수를 둡니다 수장이 이끄는 졸과 병은 차에 포를 장착하고 어디로 뛰어갈지 모르는 말과 상을 공격과 수비로 착지하는 사서삼경으로 영역을 구축하기도 합니다 대숲에 바람이 일어섭니다 실경실경 마실 나서는 바람이 인사합니다 동네를 한 바퀴 돌아 백록담의 물을 길어 초목의 목을 축이고 구름다리를 건너 이 세상 끝날 즈음 여한이 없다 하시던 할아버지의 목소리처럼 걸림이 없는 소통은 시원한 대숲의 바람입니다 그 바람은 올곧고 청정하여 때론 불협화음으로 수런거리기도 하지만 그 화음도 화음인지라 소통의 장은 메밀촌 앙상블로 전환되고 대숲에 메밀꽃이 피는 진풍경이 한 달이면 두세 번 연출되기도 하는데요 대나무도 메밀꽃도 달밤에 꿰어놓기에는 손색이 없는지라 장군인지 멍군인지는 각자의 몫이라고 합니다 이장님의 목소리 확성기를 타고 감성의 세계에 진출합니다 말쑥한 양복에 포마드 기름으로 멋을 부린 말은 낙도 오지로 전출시키고 톡 톡 튀는 말이 사람 냄새와 상견례 하는 장면이 실시간 생중계로 마을 주민의 귓불에 전이됩니다 가슴이 먼저 알고 다가섭니다 특허받은 눈물이 웃음이 어우러진 말놀이 한판 승부! 한여름에도 하얀 눈밭에서 빨간 열매를 맺기 위해 새순들은 치열하게 팽나무 각질을 뚫고 있습니다

허밍허밍

우리는 여기까지만
도돌이표 삭제된 악보 같은 허밍허밍
달팽이관을 돌아 나온 여기까지만
너는 가고
허밍허밍만 남은

우리는 가만가만 한 호흡으로 걷고 있었지
빗금 긋는 지난날이 듬성듬성 따라오는데
해무 사이로 낮게 번지던 너의 목소리
칭얼대는 아이처럼
허밍허밍

바다가 파란 장미꽃밭이 되는 순간이 있지
허밍허밍

너는 해가 기우는 곳으로 의자를 옮기기 시작했고

나는 수평선에 붉은색 밑줄 긋기가 재미있었어
사랑은 같은 곳을 바라보는 것이라던 별나라를 향해
허밍허밍

바닷물을 찍어 성호를 그어
너의 얼굴 물보라로
허밍허밍

붉은 장미꽃밭이었다고 말해줄게, 이제서야

이명

근원지를 묻지 않기로 한다.

귀에 도읍지를 정한 매미들이
달팽이관을 돌며 성을 쌓는 반란 같기도 한
가없이 이어지는 파고가 아리랑 고개를 넘는 듯
바닷물도 진득해질 것 같은 남도창쯤으로
분할한 적 없는 귀를 점령하고 떠나지 않는다.
고수를 불러 북을 치고
아니리 아니리 추임새를 넣어보지만
듣는 것에 충실하지 못했던 징벌 같기도 한
낯익은 울음으로 들리는 연민 앞에
답가를 어떻게 불러야 하나?
정수리를 쓰다듬는 손길이 느껴지는 밤
아련한 어머니 목소리가 자장가로 들리기까지
바닷물이 정수된 소금에서는 별이 빛났을까!
짠기 어린 말들을 새겨넣은 눈동자에

별이 방울방울 돋아났을까!
경을 펼치듯 온몸으로 지신 밟는다.

잠을 앗아가버린 너,

그 누구에게도 허락되지 않은
나만을 위한 선문선답의 聲讀쯤으로
운명의 사랑놀이라고 해두자.
긴 세월 기다렸다가 말문을 연 매미들의 숲
가슴에 묻은 말 허공에서 일순 터득한 득음

울어라 마음껏 울어라 매미!

부처꽃

5월의 하늘과 부처꽃이 일가를 이룬 작은 연못
꽃도 부처님도 보이지 않는다.
마음이 착한 사람에게만 보인다는 동화 속의 옷처럼
수심이 얕은 마음에서 피고 지던 꽃
나 아직 보지 못하고 아프기만 했던 꽃이
정지된 화면으로 서 있는 이른 오후
사방에 연둣빛 싱그럽다.
모이다 흩어지는 새들의 수다
쉰의 하늘이 나뭇잎 새로 흔들리고
보석 같은 말씀으로 정수리를 일깨우는 별무리

이대로 벤치에 앉아 있으면
마음이 순한 연두가 되겠다.

보는 것에도 예를 갖추어
눈꺼풀 지그시 내릴 수 있겠다.

귀 열고 입 다문 곳에서 꽃 피울 수 있겠다.
단아한 향기 보시할 수 있겠다.
밖으로 돌던 마음 안으로 거두니
인신공양으로 자라는 부처꽃 한아름
내 안에 부처님이 계신다.

가을 소품

하늘에 입술 닿은 단풍잎
화들짝 내려앉고 보니
깊고 그윽한 청자 연못
열린 속내 누가 볼세라
불난 가슴 물 위에서
발만 동동

제3부

나란히 나란히 1

공부는 때가 있는 것이라던 어머니

6·25 전쟁 탓에 쑥죽으로 연명하던 시절 탓에 공부 시기 놓쳤다는데 말만 한 처자인 탓에 외할아버지 혼쭐에 야학당에도 못 나갔다고 내가 국민학교 입학하던 해 연필심에 침 묻혀 꾹꾹 따라 쓰던 가 나 다 라 당신 이름 석 자 겨우 터득한 속내 소나무 나이테에 묻어 두고 딸에게 공부하라고 공부하라고

나란히 나란히 도서관에 앉아 있지요 외손주랑요 시절이 시절인지라 요즘은 평생 교육이래요 늦깎이로 재미 붙은 문학 공부에 밤새는 줄 모르네요 그러게요 공부하라고 할 때 열심히 해둘걸

당신 팔 베고 나란히 나란히 누워 있으면 젖내 나는 품 안에서 가 나 다 라가 뛰어놀 것 같고 어설픈 시어들이 쑥인절

미 방아를 찧을 것 같고 소나무 껍질은 덧난 상처 동여맨 흔적 겹겹이 열어 호호~ 불어줄 것만 같은 지금은 내 가슴에서 살고 계시는

어머니

나란히 나란히 2

석촌호수 늦은 오후
예정에 없던 빗방울 서둘러 내리는 벤치
할머니와 할아버지가 나란히 나란히
검정 우산과 하얀 우산이 나란히 나란히
카메라로 단풍나무를 찍으려다
다정하신 뒷모습에 줌인하며 물끄러미
모처럼 날을 잡았는데
하필 비가 내리나 보다 하면서
따뜻하고 싶을 텐데
날씨는 제법 쌀쌀한
낭만에는 다소 무리가 따르는 게지 하면서
카메라 앵글을 단풍나무로 돌리다가

단풍잎처럼 곱게 곱게 물들어야지!

우연히 엿본 노년의 풋풋한 설계도
로맨스 로맨스 그레이

지극하신 텃밭

하늘과 이웃한 대신동 비탈길을 오르면
화분이 일사불란하게 도열한 옥상이 있다.
군상으로 자리한 이십 평 남짓 집집마다에
풋풋한 향기 전해주는 전령사
고추랑 가지랑 대파랑 상추랑 깻잎이랑 토마토랑 오이랑
이랑이랑 고랑고랑은 없어도
모종 심고 물주며 건넜을
아버지의 시간

토요일입니다. 오전 수업에 친구들은 신이 났습니다. 학교 담장을 뛰어넘는 개나리꽃의 환호성을 뒤로하고 단발머리에 교복을 입은 내가 집 대문 안으로 들어섭니다. 육군 장교 정복을 입은 아버지는 마루에서 곧은 자세로 앉아 계십니다. 앞에는 작은 상이 있고 옆에 놓인 모자에서는 대나무꽃 한 송이가 은빛으로 반짝입니다. 회초리도 덩달아 빛이 납니다. 기세에 눌린 나는 'school'을 'scool'로 적습니다. 종

아리가 따끔합니다.

아버지의 마음을 먹고 자라는 화분 식구들이 튼실하다.

그 앞에 선 쉰의 나이가 빙그레 웃는다.

손 뻗으면 닿을 것 같은 하늘이 그렇다 그렇다고 한다.

시멘트 옥상으로 흙을 옮겼다는 무용담에도
한없이 굽어 보이는 어깨너머에 초저녁별이 켜진다.
마실 나온 옆집 삼촌에게 상추 한 줌 뜯어주고서야
마음껏 웃음소리가 커지는 아버지
발아래에 뜨는 별들이 애틋하다.
세상이 별천지다.

황진이 小曲

한여름 정오 피서지로 간택한 탐라도서관
소나무 쉼터 매미들 통울림 한다
나 여기 있어요
오랜 시간 기다렸어요
짧은 말미에 주어지는 만남을 위해
기척이라도 할 수 있는 그네들
부럽기도 하고 모른 척하기도 그렇고 하여
그늘 밑 원탁에 앉아
소설 '황진이'를 펼치노라니
이웃집 도령 상사병에는
속치마 저고리로 꽃을 접었어라
한 생 걸림 없는 바람이었어라
송도삼절의 緣이 소중하였어라
哭 대신 풍악을 질끈 즈려밟고 갔어라
이승 건너오는 험한 길에 발을 헛디뎌
매미 날개로 나비이어라

소나무 수액으로 견딘 시간이
노래하고 춤추는 신명 한 마당
아흔아홉 칸 대갓집 대청에서
발 내리고 난을 치듯
발 걷어 올리고 지나가는 길손에게
시원한 동동주 한 사발 건네듯
독서 삼매경에 빠져보는 것인데

톡.
스마트폰 단축 0번 발신음은
엉키고만 있더라는

Passion Motel

단정하지 못한 문장이 떠오른다.
첫 문장은 비문이다.

Passion Motel이 인사해요 격조 높은 창문 테라스에 넝쿨장미 올라타고요 꽃향기에 바람이 발정 났나요? 머릿속이 발갛게 달구어져요 아프게 때려볼까요? 얼음물에 급랭을 시켜야 해요 하얀 김이 정숙하게 웃고 있어요 머리에서 쥐가 나고 싶어요 벼룩이 기어가나요? 근질근질 단어를 수식하며 초저녁 달이 수신해 올 때 중천에서 나는 격정의 눈맞춤을 발신해야 할까요?

모스부호 타전, 그리고 묵념

가슴에 손을 얹고 동해 물과 백두산이 마르고 닳고 있어요 대한 사람 대한으로 우리나라 만세를 외쳐볼까요? 용광로에서 삼천 도의 사랑이 끓어올라요 흘러넘치는 쇳물로 청동거울 빛어요 누군가 그 안에서 지신을 밟고 있네요 적과의 동침을 권하시나요? 바타유*에게 청문회를 열어야겠어요

나는 자랑스러운 태극기 앞에 너를 보내고 나를 버리고 첫 문장을 지우고

Passion Motel 네온사인이 반짝인다
밤하늘에 쓰고 지우는 나비들의 가장무도회
넝쿨장미는 1.3초간의 사랑을 회신하고
찰나에 눈이 멀고 사랑이 죽는
다시 첫 문장은 내가 찾는 Passion문장
나비를 안은 소우주 꽃의 떨림
문장의 발화!

*바타유: 조르주 바타유. 프랑스 사상가, 소설가.

설빙*이 있는 오후 풍경

수심이 잔잔한 바닷가
태양의 고해성사 세레나데로 흐르고
소담한 탁자 위에
소복한 설빙이 놓여있다
마주앉은 간격에서 떠다니는 말
간간이 지나는 바람이
간간이 말을 이어줄 때
間과 間 사이에 흘려진 말은
섭섭했을까?
화가 났을까?
빙수에는 팥이 들어가야 한다는 독선에
인절미는 민망했을까?
얼음이 되어버린 말 몇 마디와
물이 되어가는 자세가 뒤섞인
유리그릇 밖에는
수직으로 치솟은 고깃배 두 척

점점 멀어지는 간격에서 물보라는
소란일까?
반란일까?
말들이 갈기를 휘날리며
바위를 향해 제 몸 부딪힐 때
돌아갈 길 막연한
말갛고 하얀
잊겠다는
거짓말
舌.氷.

*설빙: 빙수 전문 체인점 이름.

달맞이꽃 헌화가

집골목 쓰레기 분리수거함 앞에
낡은 손수레 개선장군처럼 서 있는 늦은 밤
퇴근하던 내가 폐휴지 분리수거하는 노부부를 본다
초승달도 등이 따라 굽는다

나와 노부부와 초승달은 말이 없어도 미덥다

펴도 펴도 굽은 등 까치발로 서서
쓰레기수거함 뒤적이는 할아버지
땅바닥에 앉아 빈 병 고르던 할머니가
조심조심하라고 손사래를 친다
할아버지 몸을 지탱하는 밧줄
낭떠러지 목숨줄이 할머니 손사래였구나!
수집한 재활용 더미를 밧줄로 동여매는 할아버지
바라보는 할머니는 뿌듯하다
흥얼거리는 할아버지 신라의 달밤도 나도

우리는 서로 흥에 겨웁다
손수레를 앞에서 끌고 뒤에서 밀고 가는 고샅길
고단한 달빛도 함께 밀어주는 시간
뚜, 벅, 뚜, 벅, 사랑가 천길 바위를 오르고 있다

손수레에 핀 달맞이꽃 한 무더기!

따뜻한 밥상

"나는 다시 태어나도 때 밀 거. 세상에 이런 직업 있당가? 여자가 어디 가서 이런 벌이를 할 수 있간디? 때 밀어서 자식들 대학 공부 시켰당게. 외도에 집도 한 채 지었씬디 몸은 골병이여 많이 썼응게. 나이 먹어 아픈 거 당연 안 한가 잉."

된더위 속 손님이 뜸한 우리 집 앞 목욕탕
전라도와 제주도를 오가는 사투리가
탕 안을 울리나 싶더니
꼼꼼하게 밀어주는 인심에
단골이 된 내가 몸을 닦고 있는데
전기 압력 밥솥에서 김빠지는 소리 요란하다.
로커 옆 구석에 신문지 한 장 깔고
배추 묵은지 한 포기 죽죽 찢어 대접에 놓고
큰 대접에는 밥을 퍼 담는다.

"먹고 살자고 일 하는디 한술 떠야제, 아닌가 잉? 방금 한

밥잉게 자네도 먹고 가소, 먹고 가랑께."

매년 김장철이면 어머니께서 택배로 보내 주던 돌산 갓김치
동네 잔치하느라 바빴던 내가 머뭇거리는데
"자네, 고향은 어디당가?" 묻는다.

손

겨울비 지루하게 푸념 풀어놓는 날
바람도 한몫하고 싶은지 꽤 고약 떠는 시간에
새마을금고에서 연체된 전기세 내고 나오는데
처마에 앉아 날아가는 우산 움켜잡은 할머니
스티로폼 상자 위에 웅크린 새끼옥돔, 새끼우럭이
기를 쓰고 비를 피한다
집을 향하던 종종걸음이 뒤를 보는가 했는데
어느새 할머니와 마주 앉은 나

"한 모듬씩 주세요."

도마 위로 비는 축축 내리고
생선 아가미와 내장을 긁어내는 곱은 손등의 등고선
저 계곡 아래 어디쯤
딸 상견례에서 손을 슬며시 상 밑으로 감추던
어머니가 계시고

할머니 젖은 옷 위로 우산을 받쳐 드는 내 손이
말을 건네는 샛골목 풍경

한 마리를 덤으로 주는 손톱 뭉개진 손이
못내 눈에 밟히던

천이와 송이

천 개의 별이 장미 꽃송이가 되는 날이 오면
천이와 송이는 고향으로 돌아가지 않아도 될 텐데
돌아갈 수 있을 텐데

우리말은 어눌해도 마사지 솜씨가 일품인 천이가 있고
다소곳이 일만 하는 예쁜 송이가 있고
한족과 조선족의 인연에 한국 비자의 틈이 있고
무비자와 취업비자 사이에 경찰이 있고
쫓기는 자 뒤에 쫓는 자가 있고
사랑이 따라 쫓기며 안타깝고
돈에도 리모컨이 있어 세상을 조종하고
돈 때문에 고향을 떠나야 했고
돈을 벌어야 하는데 추방명령은 내려지고
차마 그냥은 갈 수 없는 것이라고
쫓기고 쫓는 막간에서
천이와 송이의 사랑이 눈물 흘리고

우리의 마음도 애써 밟히고

남의 이야기라고 한 귀로 듣고 흘리는 퇴근길
캄캄한 하늘에 충혈된 십자가 서 있네
경편열차를 타고 총총 박혀있는 별무리
샛별 하나 또 하나
광원*의 가정거장도 없는 곳에 내려서고
성에 낀 차창 밖은 열대야에도 눈이 내리네

교회 종소리가 천 개의 별에 닿을 수 있다면
눈송이가 장미 꽃송이로 변할 수 있을 텐데
천이와 송이는 고향으로 돌아가지 않아도 될 텐데
돌아갈 수 있을 텐데

*광원: 백석 시인의 시 제목.

결혼사진

사진관에서는 사진을 찍는다.
현상하는 틀 안의 세상
사진 안에서는 모두가 웃는다. 그래야 하는 것처럼

사진관에 가서 사진이라도 찍자던 사내가 있었단다.
바쁠 게 없다며 무심히 넘겼던 아낙이 있었단다.
그들도 웃고 싶었겠다. 신나게 신나게

사람의 뒷모습에는 마음을 볼 수 있는 거울이 있다는데
그 거울은 마음을 다할 때만 보인다는데
아낙이 본 사내의 속내는
언제나 옹이진 허방

그날은 거울에 비치지 않았다지, 그 속내

삼백육십오일 이백여섯 개 뼈마디 마디 관절통

바람 불고 비 오는 날이면
틀 밖에서 서성이는 아낙을 본다.
사진관을 기웃대며 웃고 있는 그녀를 본다.

할미꽃 피는 계절에
전설 같은 이야기 풀어헤치는 백발의 아낙
빗물에서 현상되는 사진 속 신혼부부가
활짝 웃는다.

어떤 유품

"하늘의 별이라도 달이라도 따 주마!",

그 약속,

잔고 없는 통장 두 개,

쓸모없어진 인감도장,

연체 중인 카드 한 개,

지갑에서 닳고 닳은 신혼여행 때 사진 두 장,

그리고,

서랍 구석에 자리한 담배 세 갑,

일회용 라이터 두 개.

곁들임의 行績

설거지하다가 담장 너머 이웃집 텃밭을 본다
고추걷이가 끝났나 싶더니
말끔하게 단장한 흙에서 방글거리는 얼갈이배추 새싹
주워 온 돌들이 가지런히 밭의 영역을 표시하고 있다
흡사 주인집에 셋방살이하던 신접살림 같다
따듯하게 볕이 들어준다면
둘이서 함께 할 수 있다면
곁들여진 시작이 풋풋했던
텃밭 일구듯 살림도 불어나리라 믿었던
아들을 곁들이고
또 아들을 곁들이고
나이를 곁들이는 동안
주민등록초본에 칸을 채워가던 주소들
지금은 기억도 나지 않는 번지수
곁들였던 양념들은 무슨 냄새를 풍기고 있을지
지금 곁들여 사는 보금자리에서는

어떤 향기가 나고 있는지
이제는 중심에서
곁가지를 내어주어야 하는 나이
곁들이고 보듬어야 하는 양념이 무엇인지

저무는 해가 안간힘을 쓴다

노을이 붉다

동행

동계 전지훈련에 동참하지 못한 석이가 이른 아침 배낭을 챙긴다
물끄러미 바라보는 등줄기에 상고대가 핀다
“엄마도 낑겨 주면 안 될랑가? 아들?”
“그러던가요.”
잡아 빼는 손을 끌어당겨 가랑가랑 걷는 한라산 영실 입구
눈꽃 핀 나뭇가지 위로 까마귀 날고
바람 잔잔하다

너와 나에게는 이상한 일이 일어났었지
믿을 수 없었지만, 믿고 싶지 않았지만
네가 물애기 때 새근새근 숨소리 예뻐서
볼에 손을 얹고 입맞춤하려던 내가
화들짝 놀랐던 열감기 하고는 거리가 먼
아득한 옛날이야기 같은

자, 지금부터 눈물의 계단이야
한 발씩 꾹.꾹. 오르는 거야. 알았지?
훅,훅, 불어내는 거친 숨은 네가 살아있다는 증거란다
지금은 걸음이 더딜지라도 포기하지 않으면
정상은 제자리에 있다는 것
살아있으므로 가능하다는 것
그래서 세상은 살아 낼 가치가 있다는 것

나뭇가지 눈꽃에 햇살이 따사롭다
여전히 바람 없고, 배낭 메고 걷는 숨이 거칠다
"우리 함께 걷는 길에 오늘처럼 바람 없고 햇살만 내리면 좋겠다."
"응."

사월에 내리는 눈

연삼로 들어서는데
일렬종대로 선 벚나무 눈부시다
잎이 돋기 전 꽃부터 피워 낸 속내
바람 타고 귓불에 와 닿는
웡이자랑 웡이자랑
금재동아 옥재동아

지난겨울 절물 약수암 가던 중
진눈깨비 벌판에 4·3평화공원이 보이고
빈 주차장에 차를 세우고야 말았는데
돌풍을 돌려세운 까마귀 한 마리
변병생 모녀 석상에 앉아 울었다
산발적으로 흩어지던 자장가
웡이자랑 웡이자랑
우리 아기 자는 소리

보리 연자 갔다가
얼어 죽었다는 말은 들어봤어도
힘없는 아낙 두 살배기 딸이
다급했을 알 수 없는 명분
바람에도 벽이 있어 끊어진 소통
새색시 젖 물리고 토닥여온 반세기
사월이 가기 전 애써 기척하는
웡이자랑 웡이자랑
웡이자랑 웡이자랑

가슴에 품는 자식
삶이 어렵다는 옛 어른들의 말씀도 잠시
아비 없이 홀로서는 아들에게
이름뿐인 어미 마음이 분주하다
초하룻날 약수암 가는 길에 만난
벚나무들의 비설

착하다 착하다

어미의 간절한 기도

미안해 미안해

잘될 거야 잘될 거야

엄만 언제나 네 편이야

감자꽃

간밤 마당 동백나무에 이웃집 텃밭에
비가 차별 없이 내리나 싶더니
담장 안과 밖은 잠에서 깬 햇살로 홍성거린다.
喪章으로 달린 텃밭 감자꽃을 본다.
어제 봤던 4·3 영화 '지슬'이 영상으로 흐르고
검은 연기 속 불타는 마을이 보이고
눈이 내리고
총성이 들리고
동굴로 피신한 마을 사람들 투박한 사투리가 웅성웅성
허기진 배 식어버린 감자 한 개로 꾹꾹 채우는
순하고 소박한 사람들은
늘 힘이 없는 것이 야속해서
못 배운 것이 서러운 사람들은
왜 약자로만 등장하는지
가슴에 한이 서리면
할 말이 없고

본 것도 없고
기억하고 싶은 것도 없다는 것을
영화 속 장면이길 바라고 있지만
그렇다고 믿고 싶지만,

사라진 마을에는 잿더미만 무성했다지.

풀풀 나는 재가 셀 수 없는 민간인 희생자 숫자였다지.

잎에 매달렸던 눈물이 똑 똑 또르르
죽은 듯 죽어있는 영령들 가슴으로 스민다.
생기를 되찾은 대지가 뜨끈뜨끈 숨을 쉰다.

시왕맞이* 꽃비

하얀 나비어라 나비이어라
시왕맞이 꽃비 맞고 싶지 않나요?
4·3의 흔적 사라진 마을 새비리 집터에 들어서면
장승처럼 서 있는 벚나무 한 그루
한겨울 얼어붙은 땅에 발 딛고 서서
잎 진자리 얼지 않게 애간장을 태웠을 수액
온몸에 물집이 돋아요
새싹은 철없이 푸르기만 하고
자신에게 햇빛 알레르기가 있다는 사실을 잊은 채
부스럼 덕지덕지 옹이진 세월을 안은 채
가장무도회 진행을 지켜보며
소통의 날을 기다렸다는데

하얀 나비어라 나비이어라
우리가 한마음으로 만개해야지요
이제는?

백설이 낭자하게 돌아가는 세상에
물비늘 눌어붙은 제주인의 심장에
생생한 각인에서 현상되는
꼭, 내려야만 하는 하얀 꽃비
맞고 싶지 않나요?

＊시왕맞이: 제주도 무당굿 중 맞이굿의 하나.

오늘의 Tip

아침 눈 비비며 화장실에 앉아 손에 잡히는 책 무심코 펼치는데 은행나무 축제 추천 장소를 Tip이라 하네 나는 감사의 마음으로 주는 Tip을 생각하는데 거실 텔레비전에서는 국회의원 종북주의 내란음모 영장 발부라는 단어가 활기를 띠네 화면 속 몸싸움을 지켜보다가 코앞으로 다가온 추석 명절과 싸고 질 좋은 선물 세트와 Tip 사이를 지나 부엌으로 들어서는데 창문으로 살금거리던 바람이 뒷집 텃밭을 보라고 하네 한여름 땡볕을 이겨낸 쭈그렁 빨간 고추 몇 개와 파란 하늘과 햇살 한 줌이 우리 사는 세상에 진정 Tip이라 하네

아시아 대륙 동쪽 끝 아스라이 매달린 한반도를 세계 평화의 Tip이라고 부르면 어떨까! 제주 남쪽 끝 강정 앞바다 파도 소리와 강정천으로 잊지 않고 돌아오는 은어 떼와 순한 어촌 마을에 한순간도 눈길 놓지 않는 한라산의 정기를 사랑의 Tip이라고 부르면 어떨까! 한라산에서 백두산까지 길

을 닦을 수 있다면 무궁화꽃 가로수를 심을 수 있다면 그 길 따라 함께 어깨동무하고 걸어갈 수 있다면 화합의 정점 Tip이라고 부르면 어떨까!

그믐달 등에 업은 퇴근길 엄마 손잡고 슈퍼 가던 옆집 아영이가 쪼르르 까치발 들고 안기네 너의 눈망울을 이 세상에서 가장 아름다운 돌파구 Tip이라고 부르면 어떨까!

제4부

잠 못 드는 당신에게

깊은 밤 잠 못 드는 당신을 지켜보다가
눈시울이 붉어집니다
어머니의 아들로 예쁜 꿈 꾸며 자랐을 사람
아내의 남편으로 끊임없는 열정을 간직했을 사람
두 아들의 아버지로 의연했을 사람
어깨를 감싸 안으며 깊은 수심을 헤아립니다
세상의 아버지들은 호랑이처럼 무서운 줄 알았던 내가
세상의 남자들은 무서울 것으로 생각했던 나에게
아낌없는 사랑을 쏟아 부었던 당신
그것이 사랑인 줄 모르고
혼신을 다한 열정인 줄 모르고
풋내기의 감성은 늘 버겁기만 했는데
흐르는 연민은 메마른 속뜰을 적셔줍니다
담배 연기로 찌든 등이 굽어 보이는 밤
같이 뒤척이며 잠 못 드는 밤입니다

비양도의 유도화

날고 싶다.
훨훨 높이 날고 싶다.

한 철 소나기 따라 흘러든 섬
조각난 박 씨 한 톨 이 땅에 뿌리내렸다.
무시로 불어오는 해풍에 상처를 씻고
갯물에 발 담그고 물장구치던 시린 꽃등
햇볕의 따가운 시선에 고개 숙인 한 사내를 본다.
타관객지 17년의 육지 것!

할 수 있다.

해내리라.

한 발 한 발 내디뎠던 공든 탑

한순간 무너지는 허기진 현실 앞에
갯가에서 절여진 독기 붉게 터졌다.
언제나 포구로 열리는 돌담길
섬 사내 가슴 흐드러지게 열어젖힌 꽃
흰 눈물 사정없이 솟는다.
비양도 날갯죽지 곧게 편다.
관제탑의 허가를 기다리는 남편은

비상 대기 중!

귀가를 기다리며

뻘바다가 은빛으로 팔딱거린다.
수평선으로 함몰하는 마지막 고해성사
검붉은 바다 수심을 노련하게 잡아 삼키고
뒷짐 진 달빛 향해 연어 떼 아우성을 친다.
물이 빠져나간다.
탈수기에 내맡겨진 심장 소리
조여드는 목덜미가 서늘해지고
외마디 비명에 다급해진 밤바다
삭발하고 나선 한 남자 뻘 속으로 뛰어든다.
꼬리가 잘렸다.
지느러미 기를 쓴다.
2% 부족한 야심만이 유영하는 팬터마임
열정 무대가 서서히 막을 내린다.

그는 끊임없이 갈구했을 것이다.
깊은 수심 안의 평화를

아늑한 보금자리를
맏이라는 명함에 모든 길 열어 놓은 듯
부여된 절대 의무 앞에 건너의 세계를
찌든 담배 연기에 갇힌 어린 날의 초상화
무지갯빛 꿈들이 꿈틀거리고 있다.

(때를 기다릴 것이다.
길을 찾아내고야 말 것이다.)

연어 떼 물살 가르는 강가에서
남편을 기다리는 시간
달빛 따라 수척한 새벽이 걸어오고 있다.

그이가 웃고 있다

출렁이는 네온사인 거리를 관통하고
응접실 소파에 도둑고양이처럼 웅크린
검붉은 구릿빛의 얼굴이 웃고 있다
해맑게 웃고 있다
그이에게 저런 모습이 있었는지!
색색 불어내는 콧바람에
가을날의 언저리가 파동을 친다
고추잠자리와 놀고 있나 보다
어느 숙녀분 꽁무니를 좇고 있나?
사과 밭에서 서리를 하고 있나?
송도 밤바다 추억 속을 거닐고 있을지도
아내와 함께 손 잡고
아마 그럴지도

창문 틈을 비집고 햇살 한 움큼 해죽거린다
그마저도 힘에 겹다는 듯

불분명한 뒤척임이 이어지고
살짝 벌린 입가로 줄을 긋는 침샘
검은 연기 푹푹 검질을 맨다
나락의 아침!
그이가 잠에서 깨어난다
표주박에 가랑잎 띄워 생명수를 받쳐 올리듯
다소곳한 아내의 손길을 기대하겠지!
나는 조선 시대의 아낙이 아님을 자각하는데
지난밤의 취기 속에 빙긋이 웃는다
나도 따라 웃고 싶지만…

아까시꽃 향기 따라서

어릴 적 여름날에
하얀 아까시꽃 늘어진 강나루에
뙤약볕도 지쳐 쉬어 가던 날에
잎 사이로 반짝이는 하늘은
양탄자 타고 오르는 마법의 성
신데렐라가 저곳에 있을 거야
소공녀도 저곳에 있을 거야
요술마차 타고 엄마가 올 거야
백만장자의 아빠가 올 거야
평상에 누워 아까시 줄기로 머리 감던 나는
아득한 나락으로 빠져들었다

무르익는 가을녘에
따사로운 햇살 두 팔 벌려
들국화 하늘거리는 들판 품어주던 날에
연보라 물결이 이는 맑은 연못은

행복을 일구는 가족의 보금자리
잠에서 깨어난 나는
마법의 성에 나들이했나 보다
어느새 눈가에 주름이 지고
마음에 그늘이 숨어 드는
중년의 한가운데 와있는 낯섦

도란도란 연보라 물결 소리 듣는다
파란 캔버스에 은빛 반짝이던 마법의 성을 그린다
그 안에서 우리 가족이 환하게 웃고 있다

양지공원 가는 길 1

1.
깊어서 못내 시린 하늘과 마주합니다
그 눈빛 지긋해 실눈 뜨는 햇살 사이
실크로드 위로 흩뿌리는 당신의 化人
살랑이는 여우비라 칭해봅니다
찰가운 미소가 코끝에 매달립니다
어깨동무하는 바람이 다정합니다
마중을 나오셨군요
당신임을 알겠습니다
이곳은 우리가 마주 볼 수 있는
진정한 간격임을 알겠습니다

2.
허기진 영혼들이 모여 있는 곳
그곳에 가는 길은 늘 모퉁이를 돌아야 한다
밤이면 옹이로 박힌 별들이

심장을 열고 토닥이는 곳

쑥부쟁이 홀씨가 바람 따라 길을 나선다
낭만 섞인 햇살과 해후를 하고
머묾이 없는 구름과 별리를 준비하면서
아파트 단지를 일구어낸 안주의 기쁨
휘모리장단에 세상사가 신명 나는
작은 항아리 속 비움의 미학
한 줌 재인 것이 고마운 陽地

청명한 하늘에 억새꽃 잔치가 열렸다
그래, 나들이하기에 좋은 날이다

3.
달이 떴습니다, 별이 빛납니다
밤이라는 것을 알겠습니다

아직은 때가 아니라는 기척인가 하면서도
쓸쓸함을 이미 맛본 당신 앞에
철부지로 남고 싶은 나는
답을 구하고자 분주합니다
귀뚜라미가 소란스럽습니다
마지막 간절한 마음을 전해옵니다
가는 그 길이
멀고 험한 그 길이 울어댈까 봐
가슴 졸이는 이 밤
청실홍실로 다리를 엮습니다
당신의 사랑 건너올 수 있도록
영혼의 사랑 가득 품을 수 있도록
빗장 열어두고 단잠을 잘 것입니다

당신을 사랑합니다

양지공원 가는 길 2

사시사철 내린 눈이 모자랐는지
새해 아침에도 눈이 내린다
눈은 언제라는 말을 남기지 않고
내리고 또 내리고
그칠 기약 없는 그 마음
닿을 수 없는 그곳에도
눈은 내리고 또 내리고 있을 테니…
시집오던 첫해
새색시 옷고름 나풀나풀
성묘 가던 논두렁에 꽂고무신 발자국
쌓인 눈 밟아 온 긴 여정이 수척하다는 듯
한 줄기 바람 차창을 스친다
당신임을 알 것 같다
아니 알겠다
알 것 같다와 알겠다의 간격은
눈인지 비인지 초점을 잃고

길 위에서 서성이는 낯선 기다림
경적도 반가이 예전에 그랬듯
등 내밀어 업어주는 흑백 풍경 한 조각
가루 한 줌 비움의 미학이 따사롭다
눈은 내리고
깊이를 잴 수 없이 내리고
또 내리고

양지공원 가는 길 3

호스피스 봉사를 마치면 버릇처럼 찾곤 해
이승과 저승의 비무장지대라고나 할까
한적해서 좋다고 생각했는데
때론 적적해서 살아있다는 것을 느끼곤 하지
갈 때마다 새로운 이웃이 이사를 와 있고
호실 문마다 꽃메달을 걸고 웃는 얼굴
성공해야만 올 수 있는지
이곳으로 왔기에 성공했는지
아직 물어보지 못했지만
왕년에 나는
왕년에 나도
왕년 사리 한 옹기로 자리한 그들이고 보니
자부심이 대단하지 않을까 싶기도 해
오늘은 공원 입구에 들어서는데
양지바른 잔디에 제비꽃이 한마당이야
평생 욕심 없이 살아내는 일이

물 바람 흙으로 돌아가는 수행이었다는 듯
무심히 지나치면 보이지 않을 낮은 자세로
미물의 작은 소리까지 듣겠다는 의지로
두 귀 쫑긋 세운 보랏빛 환생
그 자태가 눈물겹도록 고왔는지
그렇게 읽어 내리는 눈의 물이었는지
발끝에 포물선을 그리는 노크
똑. 똑.

문 열어 반겨줄 것만 같은 당신

따 두었던 별과 달을 품에 안겨주면서
약속 지켰다고 뿌듯해 하면서
만면의 미소를 지으며

흰방울꽃

그늘진 숲 언저리에 다소곳이 피는 꽃이 있습니다
작은 하얀 볼 감싸줄 빛도 들지 않는 곳에
하심하고 선 꽃의 非命
실바람도 숙연히 깃을 여미며 지나갑니다
헛기침하지 마셔요
발소리도 내지 마셔요
울울창창한 가슴에서 쉿! 숲의 悲鳴
외발 디딘 고개 못내 떨구어 져도
옹기종기 한껏 부푸는 방울꽃이 있습니다

창밖이 무례합니다
구름의 장례에 빗줄기 소란스럽습니다
씻어내리면 깨끗해질 수 있어요
천둥 번개로 귀를 막을 수 있어요
碑銘으로 눈도 가릴 수 있어요
막간의 정적에서 심장에 파인 골을 따라

지혜의 말씀이 흘러내리고
경청하던 꽃말이 따라나서고
도착한 심심산골 언저리에
틀림없이 행복해 질 수 있는
포만의 얼굴 방울꽃이 반겨줍니다

두고 오는 걸음이 돌아보자 합니다
마음의 여분도 남겨놓자 합니다
그냥 지나칠 수도 있는 한 줌의 빛
잠시 함께 기다려주자 합니다

잠시…

다음에는
방울꽃이 떠나고 없을지 모르는데
찾아오는 이 길이 지워졌을지 모르는데

점자로 새긴 墓碑銘 울먹이는 한 자 한 자 뒤로하고

오늘은
이쯤에서
돌아서야만 했습니다

빵 한 조각

극한.
하얀 머릿속 채울 일만 남았다.

식빵 한 조각과 커피 한 잔 마주하고
다행입니다.
고맙습니다.
행복합니다.

문득
커피잔에 담겨 있는 생면부지 장발장의 얼굴
빵 한 조각의 의미를 알겠느냐는 듯
빙그레 눈인사한다.
그와 눈맞춤할 자신이 없는데
선택은 자유입니다.
가슴을 울리는 화두

하얀 머릿속 밑그림부터 그려야겠다.
세상 밖으로
내 안으로
모나지 않게 둥글게

인생은 빵 한 조각!
선택은 자유입니다.

남은 밥이랑 김치 있으면

싸락눈 오는 날이면 왜 하늘은 잿빛이어야 하는지
함박눈이 오는 날보다 더 춥게만 느껴지는지
빙판 위로 사락사락 지어놓은 쌀 반 톨 같은 밥
고봉으로 쌓이는 해 질 녘

향년 32세 나이로 요절한 최고은 작가가 마지막 쪽지를 남겼다는데
뉴스 진행하는 아나운서의 목소리가 단정해서 섭섭한
단돈 만 원이면 아프리카 어린이들 한 달 먹일 식량을 구할 수 있다고
국민에게 호소하던 광고 문구가 무색해지는
배불리 먹는 것이 소원이라고
사투 끝에 북한을 탈출하는 동포들의 눈물겨운 현실이

대한민국 하늘 아래 이웃이라니,

나일 수도 있다니,

극한을 떠올릴 때 머릿속은 왜 하얗게 느껴지는지
하필 이런 날에 싸락눈은 창문으로 헤딩하는지
빨강 돼지 한 마리 엎어 놓고 배를 쩍, 가르자니
속절없는 창자가 와르르 쏟아진다
순교한 이차돈도 아닌데
붉은 피는 보이지 않고 쨍그랑 동전들의 고두배

작고 낮은 것들의 환희!

아름다운 이 세상
살아내야 할 나의 몫이 있을 것인데
한 줌 햇살이 때론 소중하게 쓰일 수도 있을 것인데

한 목숨이
남은 밥이랑 김치가 간절했듯

달맞이

두 해 전이었어요. 정월 대보름에 산방굴사를 찾았지요. 108배를 하던 중에 툭, 염주 줄이 끊어지는데, 숨이 멎는 듯 내려앉는 심장이라니

불교용품점에 가서 수리를 부탁했지요. 그런데 보살님이 비용을 받지 않는 거예요. 무심히 돌아와 부처님 옆에 염주를 올리고 기도했습니다. 그해 우리 가족의 무사 안녕을 기원하면서요.

비용을 천 원이라도 내고 왔더라면 명이 더 이어졌으려나…

기어게 살암시믄 살아진다. 살면서 새끼들은 버리지 말라이, 새끼만 버리지 않으면 되여.

밑도 끝도 없이 마음이 가라앉는 날이면 찾아가는 산방굴사

우연히 만난 할머니와 속내를 풀어내고 내려오는 길

사계마을을 향해 온몸 기울어진 소나무 사이로 둥근달 환하다.

고무신이 아니어서

TV 드라마를 보는데
조각품 같은 얼굴의 남자 주인공이
인형 같은 표정의 여자 주인공에게
빨간색 샌들을 선물한다.
“햇살 좋은 날 나 만날 때 신고 나와.”

켜켜이 먼지 앉은 신발장을 정리하던 중
앞볼 터진 샌들 두 번이나 고쳐 신고도 버리지 못한
암팡진 애물단지가 올려본다.
신발 선물하면 애인이 배신한다는
속설을 믿고 싶지 않은데
드라마에서는 밀당하다가 해피엔딩이던데
시대가 바뀌어서
고무신이 아닌 샌들이어서
신사의 품격을 지닌 그는
하얀 샌들을 선물하고 떠났다.
내가 배신할 틈도 주지 않고

매몰차게!

신발장을 말끔히 청소하고
현관문까지 활짝 열어놓았지만
햇살은 멀리에서 지긋이 내려보고만 있다.
그가 머무는 그곳은
샌들 신고
닿
을
수
없
는
곳
이
라
고.

빗물에 뜬 낮달

추적추적 비님 오시는 동문시장 입구
요즘 비님는 속마음을 읽어 내리나 싶다가
키 큰 내가 속을 보였나 싶은 것인데
눈앞에 보이는 고향 언니네 돼지국밥집
장 보는 일 뒤로하고 삼천포로 빠져보는 것인데
국밥에 막걸리 한 대접 시키고
물 젖은 손 반갑게 잡아끌고 보니
언니가 한세월 살아내고 있었던 것인데
사기꾼을 만나 손 부르트게 번 돈 펴 준 이야기
본 자식은 건사 못하고 그놈 새끼들만 챙겼다는
복 없는 년은 남자 복도 없더라는
고장 난 수도꼭지 마냥 터져 나오는 물 먹은 사리까지
한 대접 벌컥 마시고야 말았던 것인데
한사코 돈을 받지 않겠다는 언니
앞치마에 밥값 찔러주고 식당 문 나서려는데
붉어진 볼에 후두둑 빗방울

"의리 없이 혼자 마시냐!"
그 목소리 들리는 듯했던 것인데
정답 없는 세상살이 약속해서 비님이 오시는 겐지
이래저래 흐트러진 속마음인지 옷차림인지 여미며
펼쳐 든 우산 위로 둥글리는 말씀 말씀들
발부리로 곤두박질 바닥을 치면서
박차고 뛰어오르면서
신나게 물장구를 치면서
잘할 수 있다면서
미안해, 라면서

두 볼을 감싸 쥐는
빗물에 뜬 낮달

맹꽁이 울음

나는 연못입니다
서로 다른 家系가 옹기종기 모여 살고 있습니다
하늘을 품고 사는 평온은 구름을 볼 수 없는 간격이 되고
그 간격은 연꽃을 호명하는데 물달개비가 먼저 손을 듭니다
백만 달러 현상금이 걸린 알 리비*가
미군의 폭격에 죽었다는 보도가 나오고
파키스탄 정부는 주권침해라고 항의하지만
미국은 빈 라덴 제거 후 최대의 성과라고 반깁니다
당신은 너와 나는 길이 다르다고 하였습니다
나는 길이 하나로 통한다고 했습니다
목숨이 오고 가는 길목입니다
나는 오는 길에서 서성이는데
당신이 떠났던 길모퉁이에서는 항의하고 성과를 드높입니다
각자의 잣대질이 무례하기 짝이 없습니다
숭고한 목숨에서 나약한 콧물이 흐릅니다
코맹맹이 맹꽁이가 울어 젖히는 장마철

흙탕물이 제격이라고 생각을 합니다만
한바탕 소나기가 퍼부을지
회오리를 동반한 태풍으로 지나갈지
맹꽁이의 통울림은 가늠할 길이 없습니다
연못에서는 연꽃이 핀다고 생각하는 나에게
물달개비가 말을 건네옵니다
백만 달러가 나풀나풀 날아갑니다
어떻게 생겼는지도 모르는 백만 달러를 좇아갑니다
백만 백만 달러가 공중부양하는 사이 연못의 물은 말라가고
훌쩍훌쩍 닦아내던 콧물이 바닥을 드러냅니다
장화 신은 발들이 허가도 받지 않고 무장진입을 합니다
연뿌리를 송두리째 뽑아들고 할리우드 액션을 합니다
연뿌리도 속수무책 같은 자세를 취하고 있습니다
제멋에 겨운 구름이 백만 백만 달러로 달려옵니다
당신과의 재회가 이리도 쉬운 것이었다면,
눈물 콧물 범벅이 떡을 만드는 것이었다면,

연못의 물을 말리기까지

맹꽁이는 맹꽁맹꽁 하고 있습니다

*알 리비: 국제테러 조직 알 카에다의 2인자.

사랑 나무

기대는 법을 몰랐던 게지
함께 가는 법을 알지 못했던 게야
아마도

장생의 숲길을 홀로 걷다가
고로쇠나무와 산벚나무의 連理 앞에서
털썩,

과거 생에 우리는 이런 모습이었으리
아마도

서로 다른
뿌리와 줄기와 가지가 한몸이 되기 위해서는
오랜 세월 곰삭아야 한다는 것을
힘겨운 나무 너에게
아낌없이 나누어 주어야 한다는 것을

조금만 미리 알았더라면
아마도

때늦은 사랑 나무
무럭무럭 자라는 속절없는 계절
봄비는 내리는데
서로를 기약할 수 없는

우리는

이월 샛바람에

정자 한 채 여여한 하가리 연하못에 왔다.
삶의 궤적 연꽃 무덤이다.
신선루에 오르듯 걸음 옮기는 사이
물에 비친 얼굴이 한껏 웃고 있으나
씨 떨군 자리 떠나지 못하는 씨방 같다.
살얼음에 의지한 마른 줄기의 오체투지
끝내 그 마음 읽지 못한 죄
추상화 한 점 마침표를 찍는다.

한여름날 연못은 수런수런 분주했다.
잎 그늘에 들어 꽃대를 밀어 올리던 순간들
그 안간힘으로 피어나던 꽃
꽃이 마음껏 향기로울 수 있었던 것은
바라보는 네가 있었기 때문
씨는 여물어야만 떨구는 것이 아니라고
미처 준비하지 못한 배웅도 있는 것이라는

샛바람의 전언이 무정하다.

한 생이 점점이 찍어 한 획을 긋는 일이라면
우리가 한 점으로 이어가던 나날은
사랑이었을까!
축복이었을까!
다시 꽃대를 밀어 올리는 계절이 오면
철없이 후끈 피어날 꽃을
너는 알아볼 수 있을까!

화엄에 낙관 찍는 소리 듣는다.

때론 1

蘭雪軒의 세계 난초가 우거진 숲에는 신선님들이 살고 있었어요 사계절 난향이 흩날리는 이곳 하늘님은 옥황상제*님 탄신일를 경축하는 도가 경전 낭송대회가 자미궁*에서 열렸습니다 혼신을 좌정하고 한 자 한 자 낭송하던 내가 그만 단정하신 용모에 혼쭐을 놓고 말았어요 지중하신 엄명으로 속계와 맺었던 연줄 백년해로하지 못한 것이 죄가 되어 다시 귀향을 온 처지랍니다 과거 생에 꿈에서 보았던 광상산*은 현세의 제주도 한라산인데요 백록담의 물은 목마름인지라 그 지명을 용연계곡으로 옮겨놓았더니 주소를 찾아다니던 저승사자가 화가 나서 내 사랑 랑님을 빼앗아 갔어요 갑진년에 태어난 연유로 맑고 깊은 물이 그리웠을 뿐인데 승천의 꿈이 또 사라지고 말았으니 큰스님께 받아 지닌 연화성이라는 법명에 연예 시절 랑님의 선물 초희라는 예명에 서리 서리가 내립니다 채련곡*의 오해가 시대를 넘어 타향에서 먹고 사는 일에 이어지는 아이러니 공부를 많이 한 것이 화근이던 시대와 중도에 포기한 이 시대가 다를 것이 없습니다만 두 아들을 지키겠다는 다짐만은 신선님들께 닿았나 봐요. 이천십사년 음력 팔월 십오일 슈퍼문이 뜰 때 용연 구름다리에 걸어둔 사랑의 열쇠 스물일곱 번째를 찾으라는 서왕모*님의 꿈결 목소리 허공을 짚듯 달려가 녹슨 자물쇠를 열었더니 바닷물에 둥근달이 둥실거려요 아하, 승천하는 그날까지 마음밭에 둥글둥글 물이랑을 일구라는 뜻이구나! 혼신의 결에 단어를 심고 문장으로 키워 세상을 밝게 비추라는 사명이구나! 이 환한 이치가 철석일 때마다 붉은 연꽃 송이송이 갯내음으로 피어납니다

옥황상제님이시여!
이승에서 이루지 못한 백년해로의 꿈
완성할 수 있는 시대를 언제쯤 택일하실 건가요?

*옥황상제: 하늘을 다스리는 신으로 하늘에 있는 신령 중에서 가장 높은 위치에 있는 신.
*자미궁: 북극오성을 옥황상제와 그 가족들이라고 생각하여 주변을 옥황상제가 사는 궁궐 자미궁으로 불렀음.
*광상산: 신선세계 십주 중 가장 아름답다는 상상 속의 산.
*채련곡: 허난설헌의 한시.
*서왕모: 불로불사와 신선을 주관한다는 중국 신화의 여신.

때론 2

난설헌집에 들렀지요

서고에 재가 가득합니다

부싯돌 때립니다, 딱. 딱.

사백오십 광년 찰나의 말이 피고 지셨던가요

가슴에 묻어둔 불씨 함박눈으로 예까지 오셨습니까, 펑. 펑.

인기척이 정녕 당신인가요, 홀연히

문갑 위의 난이 고고하군요

붉게 졌던 부용꽃 스물일곱 송이

청아한 달 이국까지 밝게 비추었다던

하얀 말들이 소복소복 행간을 달리고 있습니다

창문 앞 화단에서 상기된 수선화 한 송이

봄보다 먼저 닿아버린 발화

당신,

마음 열어주실는지요

글벗 삼아 살아가는 기쁨

이 한 생,

부용꽃으로 송이송이 진다 한들

해설

길 위에서 시 쓰기

_ 김혜승의 시세계

양영길 / 문학평론가

말 하나하나의 저 밑에서 나는 나의 탄생에 참석한다.

_ 알랭 보스께

1. 프롤로그

시를 쓴다는 것은 사유(思惟)한다의 문학적 표현이기도 하다. 시인은 자기 사유의 세계를 시적 문법에 가두어 말(言)로써 절(寺)을 짓는 주어라 할 수 있다. 그래서 '자아란 사유하는 의미에서 술어들을 갖고 있는 주어'(하이데거)라고 한다. 한 시인의 시적 세계는 그 주어의 삶의 무게를 감당하는 술어에 의해 동적으로 형상화되게 마련이다. 끊임없이 일어나는 사유 시간의 '체'를 거치는 동안 정화되고 표백되기도 하면서 숙성되기도 한다. 그러는 동안에 시적 대상에 대하여 사랑하기도 하고 미워하기도 하면서 사유의 넓이를 넓혀 나가게 된다. 진정한 시인들은 보편화된 것을 거부하고 나만의 인식 세계를 설립해 나가기 위해 외로운 사유에 빠지기도 한다.

쟈크 샤보(Jacques Chabot)는 진정한 작가를 "사물과 언어, 현실과 상상, 이승과 저승 양자 사이의 바로 경계에 천막을 치는 유랑인으로 남아 있는 자"라고 한다. 그래서 '이 양자 어느 쪽에도 자리를 잡지 않으려는 데' 진정한 작가 정신이 있다는 것이다.

김혜승 시인의 시 세계 속에는 '걷다', '듣다'라는 서술어가 좀 많이 나온다. 멀리 걸으면 걸을수록 사유의 넓이도 넓어지고, 그 인식의 깊이도 깊어지는 것 같다. '걷는' 길에서 시인의 먼 시선은 땅과 하늘의 경계, 곧 현재와 과거의 경계에 머무는 경우가 많다. 이러한 시간 분화의 경계에서 또 다른 자아인 '아이'를 만나기도 하고, 그 아이와 더불어 과거 소리를 현재에서 '듣기'도 한다.

2. 자아 성찰의 사유, 그 '걷다'의 시학

김 시인의 시집에서 '걷'는 것은 자아 성찰에의 지향성을 지니며, 자아를 회복하려는 형이상학적 의미도 있다. 길을 걷는 것은 잃은 것을 찾는 탐색이기도 하다. 시인은 계속되는 방황과 갈등의 시간 여로 앞에 자아를 내놓고 물음을 제기하고 있다. 서술어 '걷다'는 삶의 실존적 조건이기도 하다. '걷다'의 서술어는 삶의 시적 여로인 셈이다.

사계리 해안가를 걷다 보면
저 멀리 산방산이 눈에 들어옵니다.
모나지 않은 것이
中人의 갓 모양을 한 것이
서민의 애환을 품은 것 같아 정이 가는 산
나의 이정표가 되어줍니다.
그곳만 바라보면
홀로 가는 길에 다정함이 묻어나는
흔들리는 샛길에도 올곧은 강건함이 힘을 주는
우연히 스치는 눈길에
아득하게 파동 치는 심연의 바다
은빛 실바람으로 깊은 숨 들이쉽니다.

바람으로 기대인 情에게 그리움 전합니다.

언제나 그 자리에 물안개의 기다림으로
넓은 어깨를 내어 주는 산.

거친 모래밭을 걷는 순비기꽃
보랏빛 길을 엽니다.
청명한 짧은 햇살에 무르익는 향낭처럼
맑고 고운 마음 엮어가라며
시선 놓지 않는 그 산이 그 자리에
묵언의 그림자로 서 있습니다.

-「이정표」 전문

김 시인의 사유, 그 이정표는 '저 멀리 산방산'이다. 그 산은 '모나지 않고 中人의 갓 모양'을 하고, "언제나 그 자리"에서 "넓은 어깨를 내어주는 산" 같은 삶의 표상이다. 시인은 "홀로 가는 길"이나 "흔들리는 샛길"에서도, "아득하게 파동치는 심연의 바다"에서도 "묵언의 그림자로" 서서 "깊은 숨"을 쉬면서 "그곳만 바라보"고 있다.

그러면서 "바람으로 기대인 情에게 그리움 전"하듯 또 다른 '나'를 찾고 있다. 이러한 걸음은 본원적 자아인 '아이'와

만나기도 한다. 그 아이에게는 "끊임없이 문을 두드리는 울음소리"(「방사탑」)가 있으며, '칭얼대는 아이의 목소리는 빗금 긋는 지난날처럼 듬성듬성 따라와 해무 사이로 낮게 번지'(「허밍허밍」)기도 했다. '걷는다'는 것은 시인의 단순한 시선 이동이라기보다는 현실적 한계를 뛰어넘고 싶은 초월적 욕망의 반영이기도 했다.

출구가 없다.

몸 밖에서 웅성거리는 파도를 타고
쉴 새 없이 넘나드는 허튼 일상
차곡히 쌓아올린 내 안의 性이
벽을 둘러친다.
저벅거리며 다가서는 아이
어머니의 손을 놓치고 기차 타던
그날을 앞세우고
불혹의 바다에 찾아온 아이가
문을 열어 달라고
어서 열어 달라고

비린 갯냄새가 배어 있구나!

짠물에 절인 세월이 녹슬었구나!
창과 방패를 든 여전사
잔 다르크 되어 있구나!
누구를 위한 싸움이고
무엇을 위한 투쟁인지
자신이 걸어가야 하는 운명은
문맹이 가져다준 서명 한 장에 달려 있는데
끊임없이 문을 두드리는 울음소리
내 안에 한 아이가 깃들고 있다.
탯줄을 거슬러 찾아가는
본래의 마음자리

빈 날갯짓은 허공만을 가르고…

-「방사탑」 전문

"저벅거리며 다가서는 아이" "불혹의 바다에 찾아온 아이"는 시인의 또 다른 자아이기도 하다. 순수한 본연의 자아가 근원적 그리움의 "문을 열어 달라고 / 어서 열어 달라고" 외치고 있다. "몸 밖에서 웅성거리는 파도를 타고" "끊임없이 문을 두드리는 울음소리". 거기에는 원형상징으로서의 간절함이 담겨 있다. 존재의 본질을 쉬 드러내지 않는 단단하고 묵묵부답인 돌탑을 흔들어 수평적 삶을 수직화하려는 근원적 본질에 다가가고 있다. 근원적 '그리움 한 사발 들이키면' 현실적 자아로 돌아온 듯 "호접몽의 시절 인연" '잊겠노라, 비나이다 비나이다. 목욕재계하고 두 손 모아 합장하'(「물양귀비 1」)듯 "본래의 마음자리"를 되묻고 있다.

그 마음자리에서의 사랑은 "하심하고 바라보는 것 / 이곳에는 / 아프게 아프게 때리는 빗방울이 있고 / 의연하게 받아내는 물양귀비가 있고 / 무심히 바라보는 내"(「물양귀비 2」)가 있었다.

담장 그늘은 언제나처럼 평행선을 긋는 듯했다.
'고즈넉하다'를 '평온하다'로 느끼면서
사선을 그으며 달아나는 그늘에
깨금발 종종 세우기도 하면서
언젠가 맞닿을 평행선과 시선의 전주곡쯤으로 생각할 즈음
'평온하다'를 '고즈넉하다'라고 고쳐 쓰기도 했던 것 같다.
씨낭에서 제멋대로 굴러다니는 말은
기억을 거니는 더듬이
순리에 역행하는 반항아쯤으로 이해될 때면
비 온 뒤 짚더미와 같은 속은 후줄근한 열기로 가득했다.

수묵화 한 점 펼쳐놓은 강가처럼
깊이는 처음부터 가늠할 수 없었고
지금도 경계를 넘나드는 소리꾼쯤으로
말과 말은 어릴 적 툇마루에 앉아
온종일 기다리던 어머니와 같은.

하늘 가득 별이 돋는 이치를 알고 있는 듯
해 뜨는 아침이면 빼꼼히 얼굴 내미는 담장 그늘
말과 말은 밤마실 이야기로 색색이 꽃을 피운다.

저마다 가슴에 고운 물 들이고 싶은 봉선화는
씨낭이 곰삭을 날을 손꼽아 헤아리고
담장 밑의 시어는 톡.톡. 여물어가고 있을 테고

-「울 밑에 선 봉선화」 전문

김 시인의 '걸음'은 꽃과도 만난다. 그러나 그 꽃은 그냥 피는 게 아니었다. "기다림의 그물망/ 어디쯤에서 물음 씨를 포획하고"(「마라도 갯메꽃」) 피는 것이었다. 그 '물음'은 "제멋대로 굴러다니는 말"이 되어 '순리에 역행하는 열기로 가득'하고, "지금도 경계를 넘나드는 소리꾼쯤으로" 여기지만 "깊이는 처음부터 가늠할 수 없었고" "사선을 그으며 달아"나고